CAHIER DU JOUR
CAHIER DU SOIR

Anglais

CE1

Auteur : Violaine Bellone
Coordinatrice : Évelyne Bergé

MAGNARD

Présentation

- La collection « Cahier du jour/Cahier du soir » Anglais a été conçue par des enseignants du primaire spécialistes de l'enseignement des langues vivantes à l'école. Le contenu de ces cahiers est parfaitement conforme aux programmes en vigueur.
- L'enseignement des langues vivantes commence dès le CP. Il s'agit d'une première sensibilisation à une langue vivante qui est conduite à l'oral. Dès le CE1, l'enseignement de la langue associe l'oral et l'écrit en privilégiant la compréhension et l'expression orale.

Mode d'emploi

- La rubrique **Je découvre et j'écoute** s'appuie sur le CD et permet de découvrir les formulations à travers une **chanson**, une **comptine** ou un **court dialogue**.
- Le support visuel de l'illustration est destiné à faciliter la compréhension. Il est souhaitable que ce moment de compréhension soit conduit en cachant dans un premier temps le support écrit.

- La rubrique **Je m'entraîne** propose des **exercices variés**. Les énoncés sont formulés en anglais et en français, afin de familiariser les élèves à la compréhension des consignes, conformément aux programmes.
- L'un des exercices s'appuie sur l'utilisation du CD, la **compréhension** et la **production orale** restant les activités langagières privilégiées.

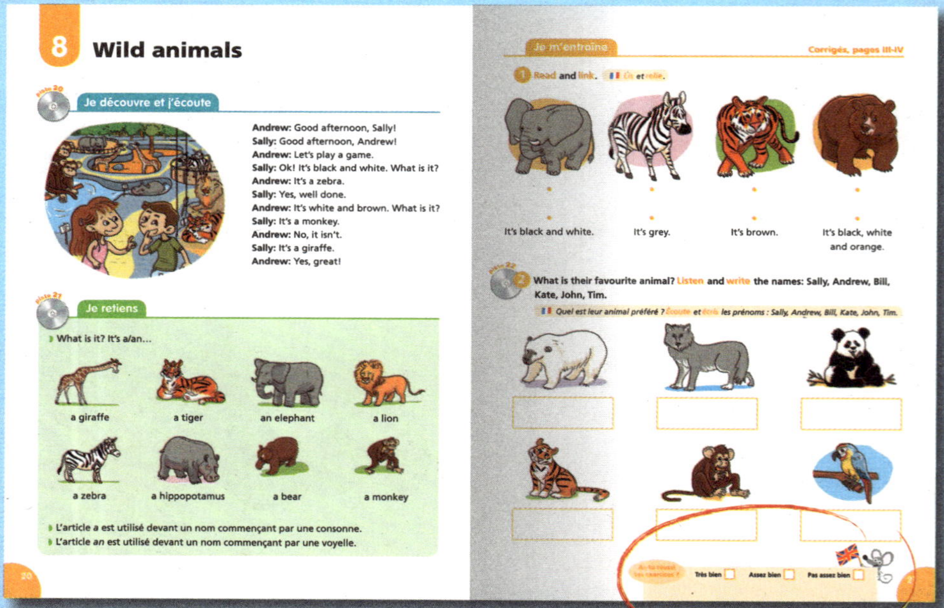

8 **Wild animals**

piste 20 **Je découvre et j'écoute**

Andrew: Good afternoon, Sally!
Sally: Good afternoon, Andrew!
Andrew: Let's play a game.
Sally: Ok! It's black and white. What is it?
Andrew: It's a zebra.
Sally: Yes, well done.
Andrew: It's white and brown. What is it?
Sally: It's a monkey.
Andrew: No, it isn't.
Sally: It's a giraffe.
Andrew: Yes, great!

piste 21 **Je retiens**

What is it? It's a/an...

a giraffe, a tiger, an elephant, a lion, a zebra, a hippopotamus, a bear, a monkey

- L'article *a* est utilisé devant un nom commençant par une consonne.
- L'article *an* est utilisé devant un nom commençant par une voyelle.

20

Je m'entraîne Corrigés, pages III-IV

1 Read and link. *Lis et relie.*

It's black and white. It's grey. It's brown. It's black, white and orange.

piste 22 2 What is their favourite animal? Listen and write the names: Sally, Andrew, Bill, Kate, John, Tim.
Quel est leur animal préféré ? Écoute et écris les prénoms : Sally, Andrew, Bill, Kate, John, Tim.

Très bien ☐ Assez bien ☐ Pas assez bien ☐

La rubrique **Je retiens** permet de **synthétiser** le vocabulaire et/ou les expressions. L'enfant sera amené à **répéter les mots à l'aide du CD** afin d'acquérir une bonne prononciation.

Une rubrique d'**auto-évaluation**.

Les pages « Culture » permettent à l'enfant de découvrir différents aspects de la culture des pays anglophones. Elles viennent compléter les connaissances linguistiques et elles développent la curiosité et l'ouverture aux autres.

Une **chanson** ou une **comptine** traditionnelle figure sur le CD.

Un texte en français permet de découvrir la **civilisation des pays de langue anglaise**.

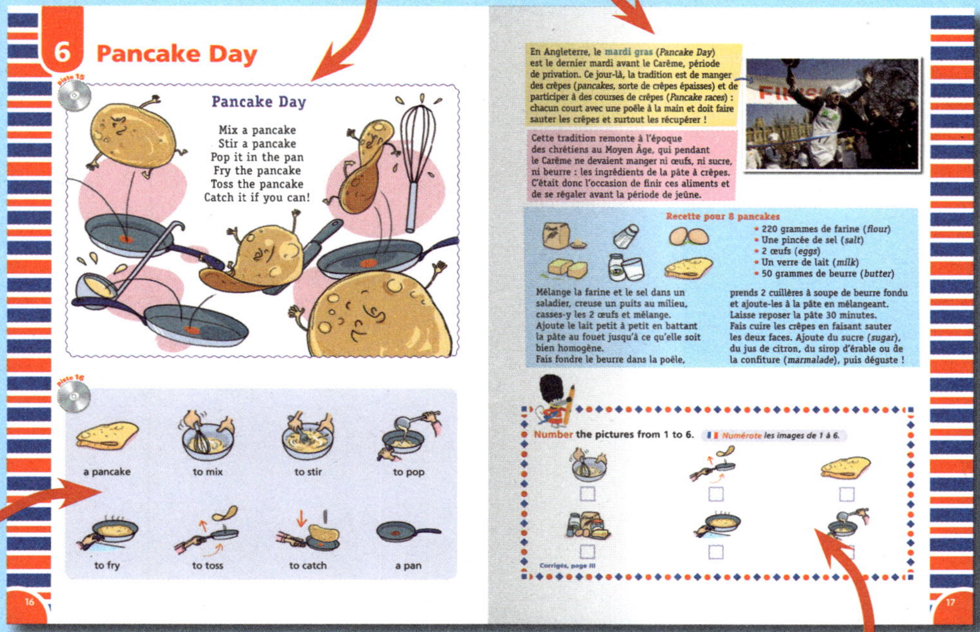

6 Pancake Day

Pancake Day

Mix a pancake
Stir a pancake
Pop it in the pan
Fry the pancake
Toss the pancake
Catch it if you can!

a pancake, to mix, to stir, to pop, to fry, to toss, to catch, a pan

En Angleterre, le mardi gras (*Pancake Day*) est le dernier mardi avant le Carême, période de privation. Ce jour-là, la tradition est de manger des crêpes (*pancakes*, sorte de crêpes épaisses) et de participer à des courses de crêpes (*Pancake races*) : chacun court avec une poêle à la main et doit faire sauter les crêpes et surtout les récupérer !

Cette tradition remonte à l'époque des chrétiens au Moyen Âge, qui pendant le Carême ne devaient manger ni œufs, ni sucre, ni beurre : les ingrédients de la pâte à crêpes. C'était donc l'occasion de finir ces aliments et de se régaler avant la période de jeûne.

Recette pour 8 pancakes

- 220 grammes de farine (*flour*)
- Une pincée de sel (*salt*)
- 2 œufs (*eggs*)
- Un verre de lait (*milk*)
- 50 grammes de beurre (*butter*)

Mélange la farine et le sel dans un saladier, creuse un puits au milieu, casses-y les 2 œufs et mélange. Ajoute le lait petit à petit en battant la pâte au fouet jusqu'à ce qu'elle soit bien homogène. Fais fondre le beurre dans la poêle, prends 2 cuillères à soupe de beurre fondu et ajoute-les à la pâte en mélangeant. Laisse reposer la pâte 30 minutes. Fais cuire les crêpes en faisant sauter les deux faces. Ajoute du sucre (*sugar*), du jus de citron, du sirop d'érable ou de la confiture (*marmalade*), puis déguste !

Number the pictures from 1 to 6. *Numérote les images de 1 à 6.*

Corrigés, page III

16 — 17

Le **vocabulaire** à retenir.

Une **activité ludique** est proposée à l'enfant.

+ Un lexique tout en images

+ Des corrigés détachables

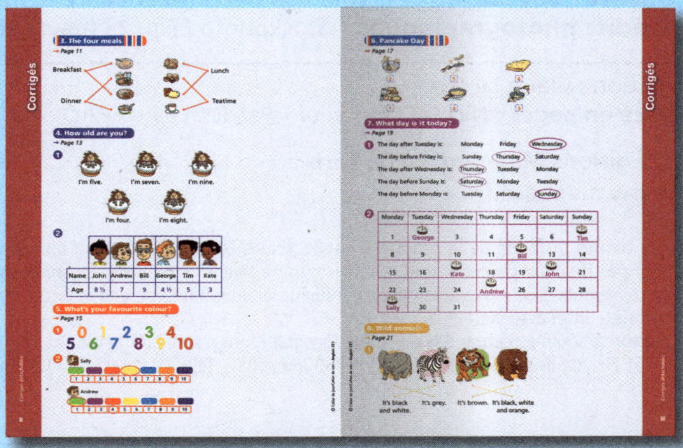

Illustrations : Juliette Fournier (couverture) et Claire Laffargue (intérieur)
Crédits photographiques : iStockphoto LP p. 23 (haut), Rea p. 17 et 23 (bas)

Édition : Claire Le Cam
Mise en pages : Nicolas Chevalier - Patrick Leleux PAO

www.magnard.fr

Achevé d'imprimer en mai 2012
par «La Tipografica Varese S.p.A.» Varese
N° éditeur : 2012-0554 - Dépôt légal : mai 2012

Sommaire
Anglais CE1

1 Good morning!

piste 1

Je découvre et j'écoute

Sally's mother: Good morning, Sally!
Sally: Good morning, Mum!

Andrew's mother: Good afternoon!
Sally's mother: Good afternoon!

The waiter: Good evening!
Sally's family: Good evening!

Andrew's father: Goodnight, Andrew!
Andrew: Goodnight, Dad!

piste 2

Je retiens

Good morning!

Good afternoon!

Good evening!

Goodnight!

a mother/Mum

a father/Dad

Corrigés, page I

1 Look and link. *Regarde et relie.*

Good afternoon! | Good evening! | Good morning! | Goodnight!

2 Listen and answer. Now it's your turn!

piste 3

Écoute et réponds. Maintenant c'est à toi !

Sally: Good morning!

Andrew: Good afternoon!

Sally: Good evening!

Andrew: Goodnight!

As-tu réussi tes exercices ? Très bien ☐ Assez bien ☐ Pas assez bien ☐

2 What do you want for breakfast?

piste 4

Je découvre et j'écoute

Sally's mother: Good morning, Andrew and Sally!

Sally: Good morning, Mum!

Andrew: Good morning!

Sally's mother: What do you want for breakfast, Andrew?

Andrew: I want cereal and milk, bread and butter and marmalade, please!

Sally's mother: And you, what do you want for breakfast today, Sally?

Sally: I want baked beans, eggs, bacon, sausages, tomatoes, toast and orange juice, please Mum!

piste 5

Je retiens

- What do you want for breakfast? I want…

baked beans

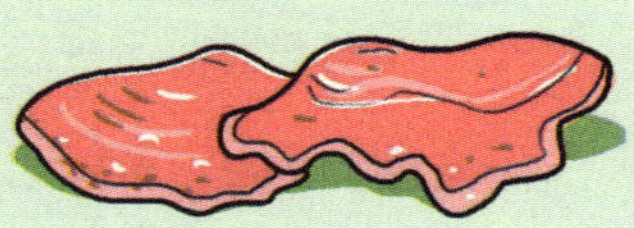

bacon

eggs

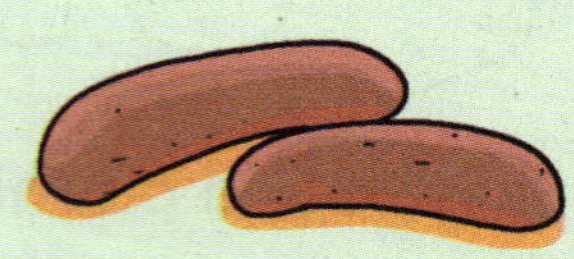

sausages

orange juice

milk

marmalade

tomatoes

cereal

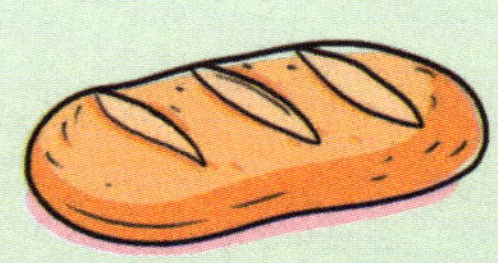

bread

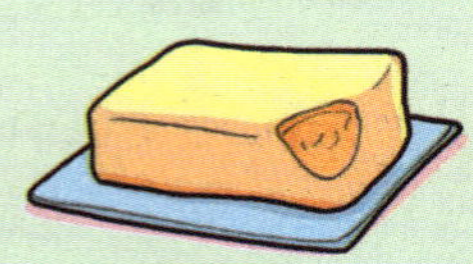

butter

Corrigés, page I

1 Draw your English breakfast.

🇫🇷 *Dessine ton petit déjeuner anglais.*

piste 6

2 Listen and tick what Sally and Andrew want for breakfast.

🇫🇷 *Écoute et coche ce que Sally et Andrew veulent pour leur petit déjeuner.*

 Sally

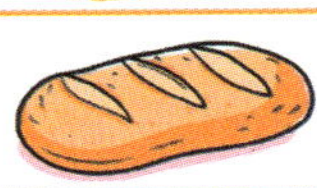	

 Andrew

As-tu réussi tes exercices ? Très bien ☐ Assez bien ☐ Pas assez bien ☐

3 The four meals

piste 7

Sally put the breakfast on

Sally put the breakfast on. *(x 3)*
We all have porridge.

Andrew put the lunch on. *(x 3)*
We all have a sandwich.

Sally put the kettle on. *(x 3)*
We all have tea.

Andrew put the dinner on. *(x 3)*
We all have soup.

piste 8

breakfast

lunch

teatime

dinner

porridge

a sandwich

a kettle

to put on

En Angleterre, il existe 4 principaux **repas** (*meals*) : le petit déjeuner (*breakfast*), le déjeuner (*lunch*), le goûter (*teatime*) et le dîner (*dinner*).

Le ***breakfast*** traditionnel est un véritable repas très copieux et varié. Il comporte du bacon, des saucisses, des tomates, des œufs, des haricots à la sauce tomate, des toasts et une boisson (thé, jus d'orange, lait, café). Les enfants peuvent aussi prendre un mélange de flocons d'avoine (*porridge*).

Le ***lunch*** est un repas pris rapidement, composé de sandwichs et de chips avec une boisson et un fruit. Les enfants l'emportent à l'école dans leur boîte repas (*lunch box*).

Puis vers 17h, c'est ***teatime***, notre goûter, composé d'un petit encas, d'une boisson et de biscuits (*scones* ou *cakes*).

Enfin, vers 19h, le ***dinner*** est un repas plutôt léger fait d'une soupe, de viande et de légumes. Les desserts typiques anglais sont une gelée multicolore (*jelly*) et un gâteau (*pudding*).

Look and link. *Regarde et relie.*

Breakfast •

Dinner •

• 

• 

• 

• 

 •

 •

 •

 •

• Lunch

• Teatime

Corrigés, page II

How old are you?

Je découvre et j'écoute

Children: 1, 2, 3, 4... Happy birthday to you, happy birthday to you, happy birthday to you Andrew! Happy birthday to you! Let's count the candles: 1, 2, 3, 4, 5, 6, 7.

Sally: How old are you, Andrew?

Andrew: I'm seven today!

Sally: Happy birthday, Andrew.

Andrew: How old are you, Sally? Are you seven?

Sally: No, I'm not. I'm seven and a half! Let's count your presents: 1, 2, 3, 4, 5, 6, 7, 8, 9, 10.

piste 10

Je retiens

0 zero	1 one	2 two	3 three	4 four	5 five	6 six
7 seven	8 eight	9 nine	10 ten	a candle	to count	and a half

- How old are you? I'm seven. I'm seven and a half.

Corrigés, page II

1 Read and draw the candles. *Lis et dessine le nombre de bougies correspondant.*

I'm five.

I'm seven.

I'm nine.

I'm four.

I'm eight.

piste 11

2 Listen and write the age of each child. *Écoute et écris l'âge de chaque enfant.*

Name	John	Andrew	Bill	George	Tim	Kate
Age						

As-tu réussi tes exercices ? Très bien ☐ Assez bien ☐ Pas assez bien ☐

5 What's your favourite colour?

piste 12

Je découvre et j'écoute

Andrew: Look at the sky: a rainbow. Red, orange, yellow, green, blue, blue indigo and violet. What's your favourite colour, Sally?

Sally: It's blue! And you, what's your favourite colour, Andrew?

Andrew: It's red!

Sally: And, what's your favourite number, Andrew?

Andrew: It's three! And you, what's your favourite number, Sally?

Sally: It's eight!

piste 13

Je retiens

- What's your favourite colour? It's…

a rainbow

the sky

- L'article *a* est l'article indéfini (un, une).
- L'article *the* est l'article défini (le, la, l', les).

Anglais CE1

LIVRET DÉTACHABLE

Corrigés

1. Good morning!

→ Page 7

1

Good afternoon! Good evening! Good morning! Goodnight!

2

Sally: Good morning!
You: Good morning, Sally!

Sally: Good evening!
You: Good evening, Sally!

Andrew: Good afternoon!
You: Good afternoon, Andrew!

Andrew: Goodnight!
You: Goodnight, Andrew!

2. What do you want for breakfast?

→ Page 9

 Sally

	✗

	✗
	✗
	✗

 Andrew

	✗

	✗

	✗
	✗

3. The four meals

→ *Page 11*

4. How old are you?

→ *Page 13*

1

I'm five. I'm seven. I'm nine.

I'm four. I'm eight.

2

Name	John	Andrew	Bill	George	Tim	Kate
Age	**8 ½**	**7**	**9**	**4 ½**	**5**	**3**

5. What's your favourite colour?

→ *Page 15*

1 5 0 6 1 7 2 8 3 9 4 10

2

Sally

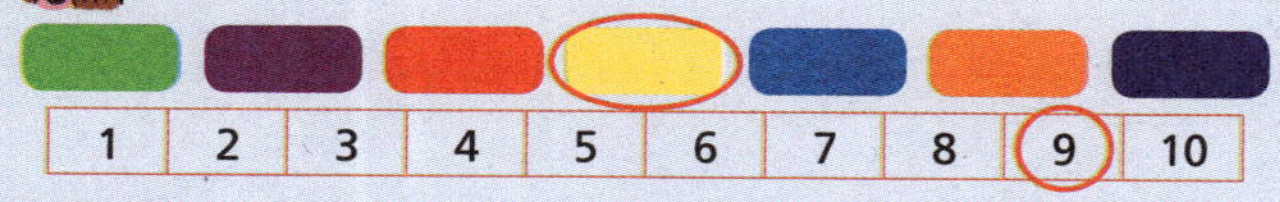

Andrew

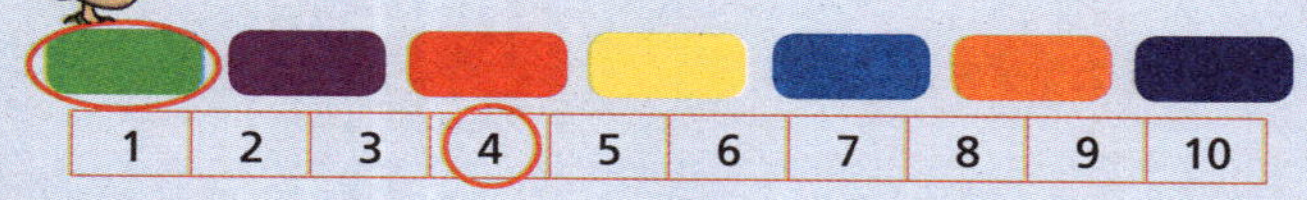

6. Pancake Day

→ *Page 17*

2

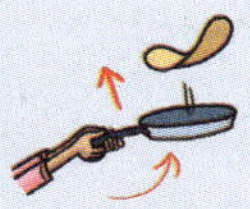
5

6

1

4

3

7. What day is it today?

→ *Page 19*

1

The day after Tuesday is:	Monday	Friday	**(Wednesday)**
The day before Friday is:	Sunday	**(Thursday)**	Saturday
The day after Wednesday is:	**(Thursday)**	Tuesday	Monday
The day before Sunday is:	**(Saturday)**	Monday	Tuesday
The day before Monday is:	Tuesday	Saturday	**(Sunday)**

2

Monday	Tuesday	Wednesday	Thursday	Friday	Saturday	Sunday
1	George	3	4	5	6	Tim
8	9	10	11	Bill	13	14
15	16	Kate	18	19	John	21
22	23	24	Andrew	26	27	28
Sally	30	31				

8. Wild animals

→ *Page 21*

1

It's black and white. — It's grey. — It's brown. — It's black, white and orange.

Corrigés

Corrigés détachables

2

Andrew	John	Tim	Bill	Sally	Kate

9. The English school

→ *Page 23*

			S				
	B	L	O	U	S	E	
	L		C				
	A		K				
	Z		S	K	I	R	T
	E						
T	R	O	U	S	E	R	S
I				H			
E				I			
				R			
				T			

10. One, two, buckle my shoe

→ *Page 25*

1

- 1, 2, → buckle my shoe,
- 3, 4, → knock at the door,
- 5, 6, → pick up sticks,
- 7, 8, → lay them straight,
- 9, 10, → a big fat hen!

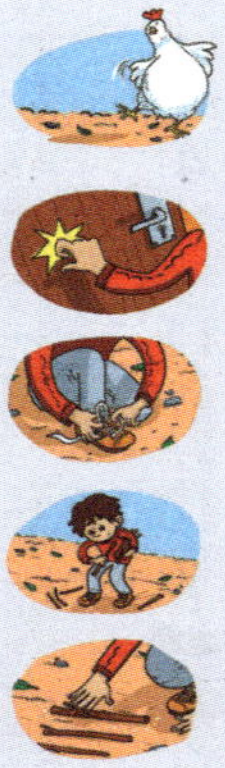

2

1, 2, buckle my  s h o e,

3, 4, knock at the  d o o r,

5, 6, pick up 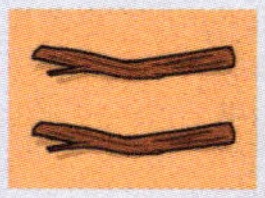 s t i c k s,

7, 8, lay them straight, 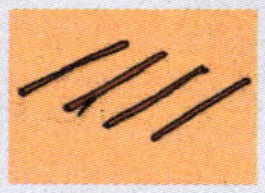

9, 10, a  b i g fat  h e n!

Corrigés, page II

1 Colour. *Colorie chaque nombre de la couleur demandée.*

Colour in blue numbers two and seven.

Colour in yellow numbers one and nine.

Colour in red numbers four and ten.

Colour in green numbers three and six.

Colour in blue indigo number five.

Colour in orange number zero.

Colour in violet number eight.

0 1 2 3 4

5 6 7 8 9 10

2 Listen and circle. *Écoute et entoure ce que Sally et Andrew préfèrent.*

Sally

1	2	3	4	5	6	7	8	9	10

Andrew

1	2	3	4	5	6	7	8	9	10

And you?

1	2	3	4	5	6	7	8	9	10

As-tu réussi tes exercices ? Très bien ☐ Assez bien ☐ Pas assez bien ☐

6 Pancake Day

piste 15

Pancake Day

Mix a pancake
Stir a pancake
Pop it in the pan
Fry the pancake
Toss the pancake
Catch it if you can!

piste 16

a pancake

to mix

to stir

to pop

to fry

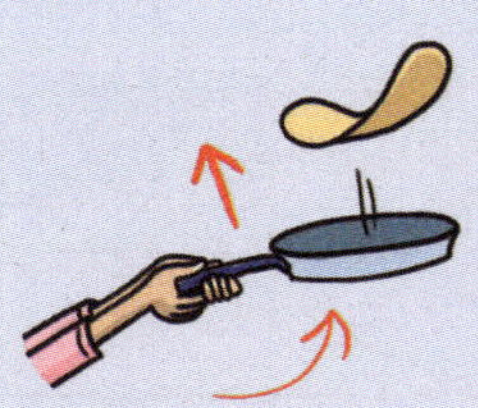

to toss

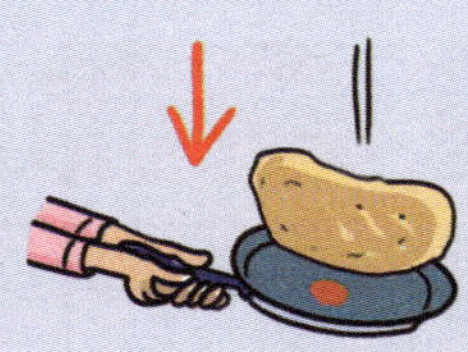

to catch

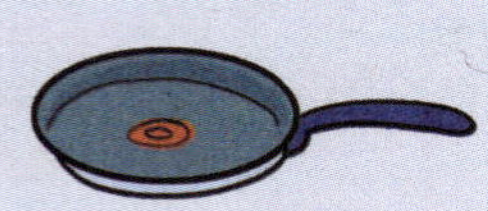

a pan

En Angleterre, le **mardi gras** (*Pancake Day*) est le dernier mardi avant le Carême, période de privation. Ce jour-là, la tradition est de manger des crêpes (*pancakes*, sorte de crêpes épaisses) et de participer à des courses de crêpes (*Pancake races*) : chacun court avec une poêle à la main et doit faire sauter les crêpes et surtout les récupérer !

Cette tradition remonte à l'époque des chrétiens au Moyen Âge, qui pendant le Carême ne devaient manger ni œufs, ni sucre, ni beurre : les ingrédients de la pâte à crêpes. C'était donc l'occasion de finir ces aliments et de se régaler avant la période de jeûne.

Recette pour 8 pancakes

- 220 grammes de farine (*flour*)
- Une pincée de sel (*salt*)
- 2 œufs (*eggs*)
- Un verre de lait (*milk*)
- 50 grammes de beurre (*butter*)

Mélange la farine et le sel dans un saladier, creuse un puits au milieu, casses-y les 2 œufs et mélange.
Ajoute le lait petit à petit en battant la pâte au fouet jusqu'à ce qu'elle soit bien homogène.
Fais fondre le beurre dans la poêle, prends 2 cuillères à soupe de beurre fondu et ajoute-les à la pâte en mélangeant.
Laisse reposer la pâte 30 minutes.
Fais cuire les crêpes en faisant sauter les deux faces. Ajoute du sucre (*sugar*), du jus de citron, du sirop d'érable ou de la confiture (*marmalade*), puis déguste !

Number the pictures from 1 to 6. *Numérote les images de 1 à 6.*

 ☐
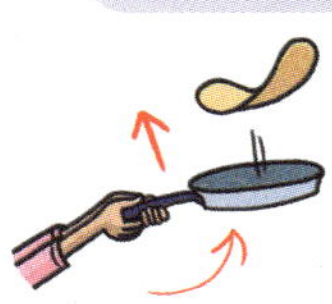 ☐
 ☐
 ☐
 ☐
 ☐

Corrigés, page III

7 What day is it today?

Je découvre et j'écoute

piste 17

The teacher: Good morning, children! What day is it today?

Sally: Today is Monday.

The teacher: Very good, Sally! And after Monday is... Tuesday, Wednesday, Thursday, Friday, Saturday and Sunday. Repeat with me, children: Monday, Tuesday, Wednesday, Thursday, Friday, Saturday and Sunday. What day is before Monday?

Andrew: It's Sunday.

The teacher: Excellent, Andrew! Let's sing the days of the week: Monday, Tuesday, Wednesday, Thursday, Friday, Saturday and Sunday.

Je retiens

piste 18

- What day is it today? It's...

Monday	Tuesday	Wednesday	Thursday	Friday	Saturday	Sunday

Tuesday is **before** Wednesday.

Saturday is **after** Friday.

Corrigés, page III

1 Circle the correct answer. *Entoure la bonne réponse.*

The day after Tuesday is:	Monday	Friday	Wednesday
The day before Friday is:	Sunday	Thursday	Saturday
The day after Wednesday is:	Thursday	Tuesday	Monday
The day before Sunday is:	Saturday	Monday	Tuesday
The day before Monday is:	Tuesday	Saturday	Sunday

piste 19

2 Listen and write the names: Sally, John, Andrew, George, Kate, Bill, Tim.

Écoute et écris les noms : Sally, John, Andrew, George, Kate, Bill, Tim.

Monday	Tuesday	Wednesday	Thursday	Friday	Saturday	Sunday
1		3	4	5	6	
8	9	10	11		13	14
15	16		18	19		21
22	23	24		26	27	28
	30	31				

As-tu réussi tes exercices ? Très bien ☐ Assez bien ☐ Pas assez bien ☐

8 Wild animals

piste 20

Je découvre et j'écoute

Andrew: Good afternoon, Sally!
Sally: Good afternoon, Andrew!
Andrew: Let's play a game.
Sally: Ok! It's black and white. What is it?
Andrew: It's a zebra.
Sally: Yes, well done.
Andrew: It's white and brown. What is it?
Sally: It's a monkey.
Andrew: No, it isn't.
Sally: It's a giraffe.
Andrew: Yes, great!

piste 21

Je retiens

- What is it? It's a or an…

a giraffe

a tiger

an elephant

a lion

a zebra

a hippopotamus

a bear

a monkey

- L'article *a* est utilisé devant un nom commençant par une consonne.
- L'article *an* est utilisé devant un nom commençant par une voyelle.

Corrigés, pages III-IV

1 Read and link. *Lis et relie.*

It's black and white.

It's grey.

It's brown.

It's black, white and orange.

piste 22

2 What is their favourite animal? Listen and write the names: Sally, Andrew, Bill, Kate, John, Tim.

Quel est leur animal préféré ? Écoute et écris les prénoms : Sally, Andrew, Bill, Kate, John, Tim.

As-tu réussi tes exercices ? Très bien ☐ Assez bien ☐ Pas assez bien ☐

9 The English school

piste 23

My uniform for school

Sally:
1. I put on my underwear,
2. I put on my socks,
3. I put on my blouse,
4. I put on my school tie,
5. I put on my skirt,
6. I put on my blazer,
7. I put on my shoes. Ready!

Andrew:
1. I put on my underwear,
2. I on put my socks,
3. I put on my shirt,
4. I put on my school tie,
5. I put on my trousers,
6. I put on my blazer,
7. I put on my shoes. Ready!

piste 24

a blouse

a shirt

a blazer

a school tie

a skirt

trousers

socks

shoes

underwear

En général, il n'y a pas de déterminant devant les noms au pluriel : *trousers, socks, shoes.*

L'école anglaise (*the English school*) est obligatoire de 5 à 16 ans. L'école primaire (*Primary school*) se divise en deux cycles : *Key Stage 1* (de la maternelle au CE1) et *Key Stage 2* (du CE2 au CM2).
Les élèves ont classe 5 jours par semaine du lundi au vendredi, de 8 h 45 à 12 h avec une récréation (*break*) de 15 minutes, puis de 13 h à 15 h pour les activités sportives. La pause du déjeuner dure 1 heure : soit les élèves vont à la cantine (*canteen*), soit ils prennent leur *lunch box*. Les élèves anglais étudient les mêmes matières que les élèves français.

Dans les écoles anglaises, tous les enfants portent un uniforme identique : ***school uniform***, avec l'écusson de l'école. Chaque école a ses propres couleurs.

Tous les élèves de l'école assistent chaque matin à des ***assemblies***. Ce sont des temps d'échange sur la morale et les problèmes survenus dans l'école.

La ***lollipop lady*** est la personne qui aide les élèves à traverser. *Lollipop* signifie « sucette » !

Crosswords: write the words.

Mots croisés : écris les mots.

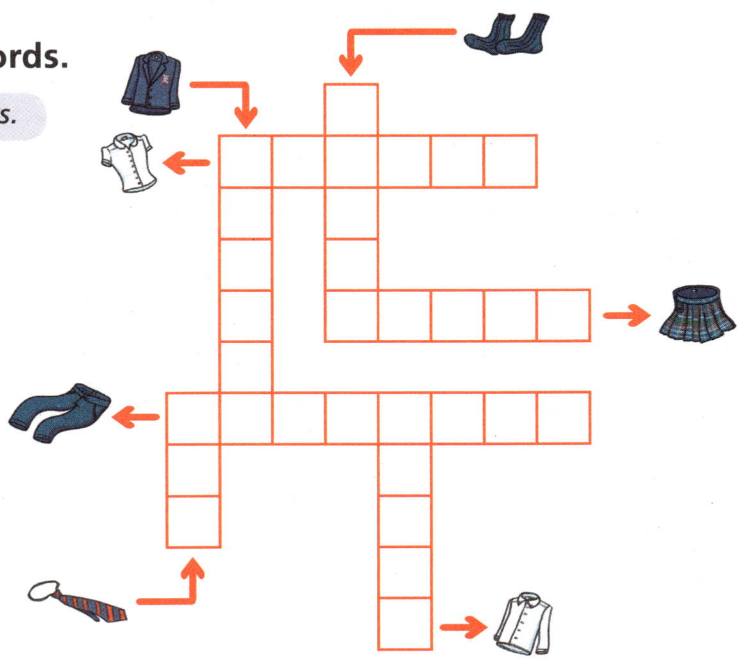

Corrigés, page IV

10 One, two, buckle my shoe

piste 25

Je découvre et j'écoute

2

1

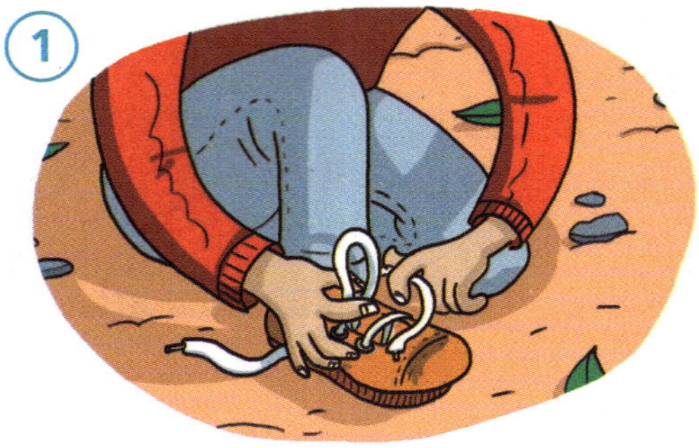

1, 2, buckle my shoe,
3, 4, knock at the door,
5, 6, pick up sticks,
7, 8, lay them straight,
9, 10, a big fat hen!

3

5

4

piste 26

Je retiens

a shoe

a hen

a door

a stick

big

to knock at

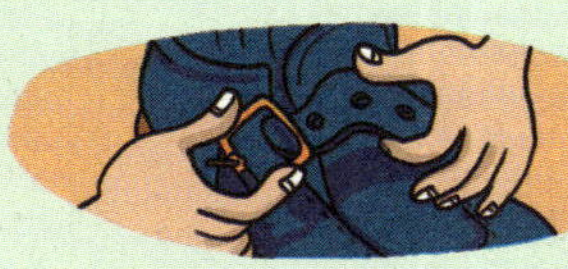

to buckle

to pick up

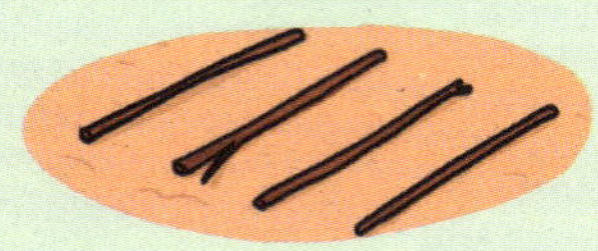

to lay straight

Corrigés, page IV

1 Link. Relie les nombres au texte et à l'image correspondants.

1, 2, •	• a big fat hen!	
3, 4, •	• knock at the door,	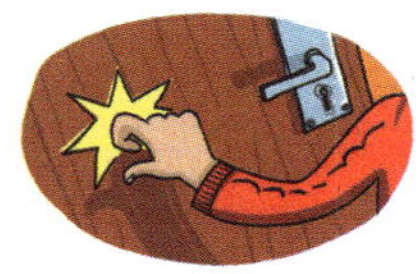
5, 6, •	• buckle my shoe,	
7, 8, •	• pick up sticks,	
9, 10, •	• lay them straight,	

2 Listen and complete with words. Écoute et complète avec les mots.

1, 2, buckle my  _ _ _ _,

3, 4, knock at the  _ _ _ _,

5, 6, pick up 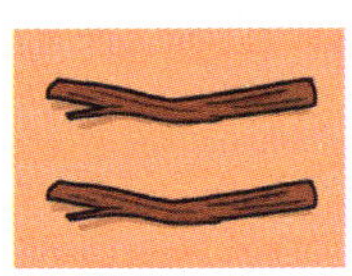 _ _ _ _ _ _,

7, 8, lay them straight, 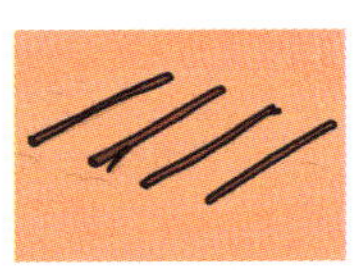

9, 10, a  _ _ _ fat  _ _ _!

As-tu réussi tes exercices ? Très bien ☐ Assez bien ☐ Pas assez bien ☐

Lexique

1 Good morning!
pages 6-7

(a) father/Dad ....

Good afternoon! ....

Good evening! ....

Good morning! ....

Goodnight! ....

(a) mother/Mum ....

(a) waiter ....

2 What do you want for breakfast? *pages 8-9*

bacon ....

baked beans ....

bread ....

breakfast ....

butter ....

cereal ....

eggs ....

marmalade ....

milk ....

orange juice ....

sausages ....

toast ....

tomatoes ....

(to) want ....

3 The four meals *pages 10-11*

(a) cake ....

dinner ....

jelly ....

(a) kettle ....

lunch ....

(a) lunch box ....

meal ....

porridge ....

pudding ....

(to) put on ....

(a) sandwich ....

(a) scone ....

soup ....

tea ....

teatime ....

4 How old are you?
pages 12-13

zero ....

one ....

two ....

three ....

four ....

five ....

six ....

seven ....

eight ....

nine ....

ten ....

and a half ....

(a) candle ....

(a) child ....

children ....

(to) count ....

old ....

a present ....

5 What's your favourite colour?

pages 14-15

black ....

blue ....

blue indigo ....

brown ....

colour ....

favourite ....

green ....

grey ....

(a) number ....

orange ....

(a) rainbow ....

red ....

(the) sky ....

violet ....

white ....

yellow ....

6 Pancake Day *pages 16-17*

(to) catch ....

flour ....

(to) fry ....

(to) mix ....

(a) pan ....

(a) pancake ....

Pancake Day ....

Pancake races ....

(to) pop ....

salt ....

(to) stir ....

sugar ....

(to) toss ....

7 What day is it today?

pages 18-19

Monday ....

Tuesday ....

Wednesday ....

Thursday ....

Friday ....

Saturday ....

Sunday ....

(a) day

(to) sing

(a) teacher

today

(a) week

8 Wild animals *pages 20-21*

(a) bear

(an) elephant

(a) game

great

(a) giraffe

(a) hippopotamus

(a) lion

(a) monkey

(a) panda

(a) parrot

(to) play

(a) tiger

(a) wolf

(a) zebra

9 The English school
pages 22-23

assemblies

(a) blazer

(a) blouse

(a) break

(a) canteen

(an) English school

(a) lollipop

(a) lollipop lady

(a) Primary school

ready

(a) shirt

shoes

(a) school tie

(a) school uniform

(a) skirt

socks

trousers

underwear

10 One, two, buckle my shoe
pages 24-25

big

(to) buckle

(a) door

fat

(a) hen

(to) knock at

(to) lay straight

(to) pick up

(a) shoe

(a) stick